大方廣佛華嚴經 讀誦

36

🪷 일러두기

1. 『독송본 한문 · 한글역 대방광불화엄경』은 실차난타가 한역(695~699)한 80권 『대방광불화엄경』의 한문 원문과 한글역을 함께 수록한 것이다. 한문에는 음사와 현토를 부기하였다.

2. 원문의 저본은 고종 2년(1865) 월정사에서 인경한 고려대장경 『대방광불화엄경』에 한암 스님이 현토(1949년)한 것을 범룡 스님이 영인 출판(1990년)한 『대방광불화엄경』이다.

3. 한문은 저본에서 누락되었거나 글자가 다르다고 판단된 부분은 저본인 고려대장경 각권의 말미에 교감되어 있는 내용을 중심으로 하고 봉은사판 『대방광불화엄경수소연의초』와 신수대장경 각주에서 밝힌 교감본을 참조하여 보입하고 수정하였다.

4. 한글 번역은 동국역경원에서 발간한 한글 『대방광불화엄경』(운허)을 중심으로 하고 『신화엄경합론』(탄허)과 『대방광불화엄경 강설』(여천무비) 그리고 최근의 여타 번역본 등을 참조하였다.

5. 저본의 원문에서 이체자의 경우 훈글이 제공하는 이체자는 그대로 살리고 훈글이 제공하지 않는 글자는 통용되는 정자로 바꾸었다. 예) 間 → 閒 / 焰 → 燄 / 宮 → 宮 / 偁 → 稱

6. 한글 번역은 독송과 사경을 위하여 정확성과 아울러 가독성을 고려하였다. 극존칭은 부처님과 불경계에 대해서만 사용하였다.

7. 독송본의 차례는 일러두기 → 본문 → 화엄경 목차 → 간행사의 순차이다.
   (법공양판에는 간행사 다음에 간행불사 동참자를 밝혀 두었다.)

8. 독송본의 한글역은 사경의 편의를 도모하기 위해 그 편집을 달리하여 『사경본 한글역 대방광불화엄경』으로 함께 간행한다. 독송본과 사경본 모두 80권 『대방광불화엄경』의 권별 목차 순으로 간행한다.

독송본 한문·한글역

대방광불화엄경 제36권

大方廣佛華嚴經 卷第三十六

26. 십지품 [3]

十地品 第二十六之三

실차난타 한역
수미해주 한글역

대방광불화엄경 제36권 변상도

대방광불화엄경

제 36 권

26. 십지품 [3]

대방광불화엄경 권제삼십육
大方廣佛華嚴經 卷第三十六

십지품 제이십육지삼
十地品 第二十六之三

불자문차광대행   가락심묘수승지
佛子聞此廣大行의   **可樂深妙殊勝地**하고

심개용열대환희   보산중화공양불
心皆踊悅大歡喜하야   **普散衆華供養佛**이로다

연설여시묘법시   대지해수개진동
演說如是妙法時에   **大地海水皆震動**하니

일체천녀함환희   실토묘음동찬탄
一切天女咸歡喜하야   **悉吐妙音同讚歎**하며

1

대방광불화엄경 제36권

26. 십지품 [3]

불자가 이 광대한 행의

즐겁고 깊고 미묘하고 수승한 지위를 듣고

마음이 모두 뛸 듯이 기쁘고 크게 환희하여

온갖 꽃을 널리 흩어 부처님께 공양올리도다.

이와 같은 미묘한 법을 연설할 때에

대지와 바닷물이 모두 진동하니

일체 천녀가 다 환희하여

모두 미묘한 음성을 내어 함께 찬탄하도다.

자재천왕대흔경
自在天王大欣慶하야

우마니보공양불
雨摩尼寶供養佛하고

찬언불위아출흥
讚言佛爲我出興하사

연설제일공덕행
演說第一功德行이로다

여시지자제지의
如是智者諸地義가

어백천겁심난득
於百千劫甚難得이어늘

아금홀연이득문
我今忽然而得聞

보살승행묘법음
菩薩勝行妙法音이로다

원갱연설총혜자
願更演說聰慧者의

후지결정무여도
後地決定無餘道하사

이익일체제천인
利益一切諸天人하소서

차제불자개락문
此諸佛子皆樂聞하나이다

자재천왕도 크게 기뻐하여
마니보배를 비내려 부처님께 공양올리고
찬탄해 말하였다. "부처님께서 우리들을 위해
출현하시어 제일가는 공덕행을 연설하시도다.

이 같은 지혜 있는 분의 모든 지위의 뜻을
백천 겁에도 매우 얻기 어려운데
우리 지금 문득 보살의 수승한 행의
미묘한 법음을 듣습니다.

원컨대 다시 총명한 지혜 있는 자의
다음 지위의 결정한 남음 없는 도를 연설하시어
일체 모든 천신과 인간들을 이익케 하소서.
이 모든 불자들이 다 즐겨 듣겠습니다."

용맹대심해탈월 청금강장언불자
勇猛大心解脫月이 **請金剛藏言佛子**야

종차전입제사지 소유행상원선설
從此轉入第四地하는 **所有行相願宣說**하소서

이시 금강장보살 고해탈월보살언
爾時에 **金剛藏菩薩**이 **告解脫月菩薩言**하시니라

불자 보살마하살 제삼지 선청정이 욕
佛子야 **菩薩摩訶薩**이 **第三地**가 **善淸淨已**에 **欲**

입제사염혜지 당수행십법명문
入第四燄慧地인댄 **當修行十法明門**이니라

하등 위십
何等이 **爲十**고

용맹하고 큰 마음의 해탈월이
금강장에게 청하여 말씀하였다.
"불자여, 이로부터 제4지에 옮겨 들어가는
있는 바 수행의 모습을 설하길 원합니다."

그때에 금강장 보살이 해탈월 보살에게 말씀
하였다.

"불자여, 보살마하살이 제3지를 잘 청정하
게 닦고서 제4 염혜지에 들어가려 한다면 마
땅히 열 가지 법에 밝은 문을 수행하여야 한다.
무엇이 열인가?
이른바 중생계를 관찰하고, 법계를 관찰하

소위관찰중생계　관찰법계　관찰세계　관
所謂觀察衆生界와 觀察法界와 觀察世界와 觀

찰허공계　관찰식계　관찰욕계　관찰색
察虛空界와 觀察識界와 觀察欲界와 觀察色

계　관찰무색계　관찰광심신해계　관찰
界와 觀察無色界와 觀察廣心信解界와 觀察

대심신해계
大心信解界니라

보살　이차십법명문　득입제사염혜지
菩薩이 以此十法明門으로 得入第四燄慧地니라

불자　보살　주차염혜지　즉능이십종지성
佛子야 菩薩이 住此燄慧地에 則能以十種智成

숙법고　득피내법　생여래가
熟法故로 得彼內法하야 生如來家하나니라

고, 세계를 관찰하고, 허공계를 관찰하고, 식계를 관찰하고, 욕계를 관찰하고, 색계를 관찰하고, 무색계를 관찰하고, 넓은 마음으로 믿고 이해하는 계를 관찰하고, 큰 마음으로 믿고 이해하는 계를 관찰하는 것이다.

보살이 이 열 가지 법에 밝은 문으로 제4 염혜지에 들어간다.

불자여, 보살이 이 염혜지에 머무름에 능히 열 가지 지혜로써 법을 성숙하는 까닭으로 저 안의 법을 얻어 여래가에 태어난다.

무엇이 열인가?

하등   위십
何等이 爲十고

소위심심불퇴고   어삼보중   생정신   필
所謂深心不退故며 於三寶中에 生淨信하야 畢

경불괴고   관제행생멸고
竟不壞故며 觀諸行生滅故니라

관제법자성무생고   관세간성괴고   관인
觀諸法自性無生故며 觀世間成壞故며 觀因

업유생고
業有生故니라

관생사열반고   관중생국토업고   관전제
觀生死涅槃故며 觀衆生國土業故며 觀前際

후제고   관무소유진고   시위십
後際故며 觀無所有盡故니라 是爲十이니라

이른바 깊은 마음이 물러나지 않는 까닭이며, 삼보에 청정한 믿음을 내어 끝까지 무너지지 않는 까닭이며, 모든 행이 생멸함을 관찰하는 까닭이다.

모든 법의 자성이 생겨남이 없음을 관찰하는 까닭이며, 세간이 이루어지고 무너짐을 관찰하는 까닭이며, 업으로 인하여 생이 있음을 관찰하는 까닭이다.

생사와 열반을 관찰하는 까닭이며, 중생과 국토의 업을 관찰하는 까닭이며, 과거와 미래를 관찰하는 까닭이며, 없음과 다함을 관찰하는 까닭이다. 이것이 열이다.

불자　　보살　　주차제사지　　관내신　　　순신
佛子야 菩薩이 住此第四地에 觀內身호대 循身

관　　　근용염지　　　제세간탐우
觀하야 勤勇念知하야 除世間貪憂하나라

관외신　　　순신관　　　근용염지　　　제세간탐
觀外身호대 循身觀하야 勤勇念知하야 除世間貪

우
憂하나라

관내외신　　　순신관　　　근용염지　　　제세간
觀內外身호대 循身觀하야 勤勇念知하야 除世間

탐우
貪憂하나라

여시관내수외수내외수　　　순수관
如是觀內受外受內外受호대 循受觀하나라

관내심외심내외심　　　순심관
觀內心外心內外心호대 循心觀하나라

불자여, 보살이 이 제4지에 머물러 안의 몸을 관찰하되 몸을 따라 관찰하며 부지런하고 용맹하게 생각하고 알아서 세간의 탐욕과 근심을 없앤다.

바깥의 몸을 관찰하되 몸을 따라 관찰하며 부지런하고 용맹하게 생각하고 알아서 세간의 탐욕과 근심을 없앤다.

안팎의 몸을 관찰하되 몸을 따라 관찰하며 부지런하고 용맹하게 생각하고 알아서 세간의 탐욕과 근심을 없앤다.

이와 같이 안의 느낌과 밖의 느낌과 안팎의 느낌을 관찰하되 느낌을 따라 관찰한다.

관 내법 외법 내외법　　순법관　　근용염지
觀內法外法內外法호대 循法觀하야 勤勇念知하야

제 세 간 탐 우
除世間貪憂니라

부차차보살　　미생제악불선법　　위불생고
復次此菩薩이 未生諸惡不善法을 爲不生故로

욕생　　근정진　　발심정단
欲生하야 勤精進하야 發心正斷하니라

이생제악불선법　　위단고　　욕생　　근정
已生諸惡不善法을 爲斷故로 欲生하야 勤精

진　　발심정단
進하야 發心正斷하니라

미생제선법　　위생고　　욕생　　근정진
未生諸善法을 爲生故로 欲生하야 勤精進하야

안의 마음과 밖의 마음과 안팎의 마음을 관찰하되 마음을 따라 관찰한다.

안의 법과 밖의 법과 안팎의 법을 관찰하되 법을 따라 관찰하며 부지런하고 용맹하게 생각하고 알아서 세간의 탐욕과 근심을 없앤다.

다시 또 이 보살이 아직 생기지 않은 모든 악하고 선하지 않은 법은 생기지 않게 하기 위하여 바램을 내어 부지런히 정진하여 마음을 일으켜 바로 끊는다.

이미 생긴 모든 악하고 선하지 않은 법은 끊기 위하여 바램을 내어 부지런히 정진하여 마

발심정행
發心正行하니라

이생제선법 위주불실고 수령증광고 욕
已生諸善法을 爲住不失故며 修令增廣故로 欲

생 근정진 발심정행
生하야 勤精進하야 發心正行이니라

부차차보살 수행욕정 단행 성취신족
復次此菩薩이 修行欲定에 斷行하야 成就神足하야

의지염 의지리 의지멸 회향어사
依止厭하며 依止離하며 依止滅하며 迴向於捨하니라

수행정진정 심정 관정 단행 성취신
修行精進定과 心定과 觀定에 斷行하야 成就神

족 의지염 의지리 의지멸 회향
足하야 依止厭하며 依止離하며 依止滅하며 迴向

음을 일으켜 바로 끊는다.

아직 생기지 않은 모든 선한 법은 생기게 하기 위하여 바램을 내어 부지런히 정진하여 마음을 일으켜 바로 행한다.

이미 생긴 모든 선한 법은 머물러 잃지 않게 하기 위하며 닦아서 더욱 늘어나게 하기 위하여 바램을 내어 부지런히 정진하여 마음을 일으켜 바로 행한다.

다시 또 이 보살이 하려는 선정으로 끊는 행을 수행하여 신족통을 성취해서, 싫어함을 의지하고 떠남을 의지하고 멸함을 의지하여 버

어사
於捨_{니라}

부차차보살　　수행신근　　의지염　　　의지
復次此菩薩_이　修行信根_{하야}　依止厭_{하며}　依止

리　　　의지멸　　　회향어사
離_{하며}　依止滅_{하며}　迴向於捨_{하니라}

수행정진근　　염근　　정근　　혜근　　　의지
修行精進根_과　念根_과　定根_과　慧根_{하야}　依止

염　　　의지리　　　의지멸　　　회향어사
厭_{하며}　依止離_{하며}　依止滅_{하며}　迴向於捨_{니라}

부차차보살　　수행신력　　의지염　　　의지
復次此菩薩_이　修行信力_{하야}　依止厭_{하며}　依止

림에 회향한다.

정진하는 선정과 마음의 선정과 관하는 선정으로 끊는 행을 수행하여 신족통을 성취해서, 싫어함을 의지하고 떠남을 의지하고 멸함을 의지하여 버림에 회향한다.

다시 또 이 보살이 믿음의 선근을 수행해서, 싫어함을 의지하고 떠남을 의지하고 멸함을 의지하여 버림에 회향한다.

정진의 선근과 생각의 선근과 선정의 선근과 지혜의 선근을 수행해서, 싫어함을 의지하고 떠남을 의지하고 멸함을 의지하여 버림에 회향한다.

리   의지멸   회향어사
離_{하며} 依止滅_{하며} 迴向於捨_{하니라}

수행정진력   염력   정력   혜력   의지
修行精進力_과 念力_과 定力_과 慧力_{하야} 依止

염   의지리   의지멸   회향어사
厭_{하며} 依止離_{하며} 依止滅_{하며} 迴向於捨_{니라}

부차차보살   수행염각분   의지염   의
復次此菩薩_이 修行念覺分_{하야} 依止厭_{하며} 依

지리   의지멸   회향어사
止離_{하며} 依止滅_{하며} 迴向於捨_{하니라}

수행택법각분   정진각분   희각분   의각
修行擇法覺分_과 精進覺分_과 喜覺分_과 猗覺

분   정각분   사각분   의지염   의지
分_과 定覺分_과 捨覺分_{하야} 依止厭_{하며} 依止

다시 또 이 보살이 믿음의 힘을 수행해서, 싫어함을 의지하고 떠남을 의지하고 멸함을 의지하여 버림에 회향한다.

정진의 힘과 생각의 힘과 선정의 힘과 지혜의 힘을 수행해서, 싫어함을 의지하고 떠남을 의지하고 멸함을 의지하여 버림에 회향한다.

다시 또 이 보살이 알아차리는 깨달음의 분을 수행해서, 싫어함을 의지하고 떠남을 의지하고 멸함을 의지하여 버림에 회향한다.

법을 간택하는 깨달음의 분과 정진하는 깨달음의 분과 기뻐하는 깨달음의 분과 홀가분

리 의지멸 회향어사
離하며 依止滅하며 迴向於捨니라

부차차보살 수행정견 의지염 의지
復次此菩薩이 修行正見하야 依止厭하며 依止

리 의지멸 회향어사
離하며 依止滅하며 迴向於捨하니라

수행정사유 정어 정업 정명 정정진
修行正思惟와 正語와 正業과 正命과 正精進과

정념 정정 의지염 의지리 의지
正念과 正定하야 依止厭하며 依止離하며 依止

멸 회향어사
滅하며 迴向於捨니라

한 깨달음의 분과 집중하는 깨달음의 분과 버리는 깨달음의 분을 수행해서, 싫어함을 의지하고 떠남을 의지하고 멸함을 의지하여 버림에 회향한다.

다시 또 이 보살이 바른 견해를 수행해서, 싫어함을 의지하고 떠남을 의지하고 멸함을 의지하여 버림에 회향한다.

바른 사유와 바른 말과 바른 업과 바른 삶과 바른 정진과 바른 생각과 바른 선정을 수행해서, 싫어함을 의지하고 떠남을 의지하고 멸함을 의지하여 버림에 회향한다.

보살　　수행여시공덕　　위불사일체중생
菩薩이　修行如是功德은　爲不捨一切衆生

고　　본원소지고　　대비위수고　　대자성
故며　本願所持故며　大悲爲首故며　大慈成

취고　　사념일체지지고
就故며　思念一切智智故니라

성취장엄불토고　　성취여래력무소외　　불
成就莊嚴佛土故며　成就如來力無所畏와　不

공불법　　상호음성　　실구족고　　구어상상수
共佛法과　相好音聲이　悉具足故며　求於上上殊

승도고　　수순소문심심불해탈고　　사유대
勝道故며　隨順所聞甚深佛解脫故며　思惟大

지선교방편고
智善巧方便故니라

보살이 이와 같은 공덕을 수행함은 일체 중생을 버리지 않기 위한 까닭이며, 본래의 서원이 지니는 바인 까닭이며, 대비가 으뜸이 되는 까닭이며, 대자로 성취하는 까닭이며, 일체지의 지혜를 생각하는 까닭이다.

장엄한 불국토를 성취하는 까닭이며, 여래의 힘과 두려움 없음과 함께 하지 않는 부처님의 법과 상호와 음성이 다 구족함을 성취하는 까닭이며, 높고 높은 수승한 도를 구하는 까닭이며, 들은 바 매우 깊은 부처님의 해탈을 수순하는 까닭이며, 큰 지혜와 교묘한 방편을 생각하는 까닭이다.

불자   보살   주차염혜지   소유신견위수
佛子야 菩薩이 住此燄慧地에 所有身見爲首하야

아인중생수명   온계처   소기집착출몰   사
我人衆生壽命과 蘊界處의 所起執著出沒을 思

유   관찰   치고   아소고   재물고   착처
惟와 觀察과 治故와 我所故와 財物故와 著處

고   어여시등   일체개리
故인 於如是等에 一切皆離니라

차보살   약견업   시여래소가   번뇌소염
此菩薩이 若見業이 是如來所訶요 煩惱所染인댄

개실사리   약견업   시순보살도   여래소
皆悉捨離하며 若見業이 是順菩薩道요 如來所

찬   개실수행
讚인댄 皆悉修行이니라

불자여, 보살이 이 염혜지에 머무름에 있는 바 몸이라는 견해가 처음이 되어 나와 남과 중생과 수명과 온과 계와 처에 일으킨 바 집착과 생겨나고 사라지는 것을 사유하고 관찰하여 다스리는 까닭이며, 나의 소유인 까닭이며, 재물인 까닭이며, 집착하는 곳인 까닭인 이와 같은 등 일체를 모두 여읜다.

이 보살이 만약 업이 여래께서 꾸짖으신 것으로 번뇌에 물든 것으로 본다면 모두 다 버리고 떠나며, 만약 업이 보살의 도를 따르는 것으로 여래께서 칭찬하신 것으로 본다면 모두 다 수행한다.

불자　　차보살　　수소기방편혜　　수집
佛子야 此菩薩이 隨所起方便慧하야 修集

어도　　급조도분　　여시이득윤택심　　유연
於道와 及助道分하야 如是而得潤澤心과 柔軟

심　　조순심　　이익안락심　　무잡염심　　구상
心과 調順心과 利益安樂心과 無雜染心과 求上

상승법심　　구수승지혜심　　구일체세간심
上勝法心과 求殊勝智慧心과 救一切世閒心과

공경존덕무위교명심　　수소문법개선수행
恭敬尊德無違敎命心과 隨所聞法皆善修行

심
心이니라

차보살　　지은　　지보은　　심극화선　　동
此菩薩이 知恩하며 知報恩하며 心極和善하며 同

주안락　　질직　　유연　　무조림행　　무
住安樂하며 質直하며 柔軟하며 無稠林行하며 無

불자여, 이 보살이 일으킨 방편과 지혜를 따라서 도와 도를 돕는 부분을 닦아 모아서 이와 같이 윤택한 마음과, 부드러운 마음과, 조화롭고 순한 마음과, 이익하고 안락케 하는 마음과, 잡되고 물듦이 없는 마음과, 높고 높은 수승한 법을 구하는 마음과, 수승한 지혜를 구하는 마음과, 일체 세간을 구호하는 마음과, 존귀한 덕을 공경하고 가르침의 명령을 어기지 않는 마음과, 들은 바 법에 따라서 잘 수행하는 마음을 얻는다.

이 보살이 은혜를 알고 은혜 갚을 줄을 알며, 마음이 지극히 화평하고 선하며, 함께 머

유아만　　선수교회　　득설자의
有我慢하며 善受敎誨하며 得說者意하나니라

차보살　　여시인성취　　여시조유성취
此菩薩이 如是忍成就하며 如是調柔成就하며

여시적멸성취
如是寂滅成就니라

여시인조유적멸성취　　정치후지업　　작
如是忍調柔寂滅成就하야 淨治後地業하야 作

의수행시　　득불휴식정진　　부잡염정진　　불
意修行時에 得不休息精進과 不雜染精進과 不

퇴전정진　　광대정진　　무변정진　　치연정
退轉精進과 廣大精進과 無邊精進과 熾然精

진　　무등등정진　　무능괴정진　　성숙일체
進과 無等等精進과 無能壞精進과 成熟一切

물면서 안락하며, 순박하고 곧으며, 유연하며, **빽빽**한 숲과 같은 행이 없으며, 아만이 없고, 가르침을 잘 받아서 설하는 이의 뜻을 얻는다.

이 보살이 이와 같이 참음을 성취하며, 이와 같이 조화롭고 부드러움을 성취하며, 이와 같이 적멸을 성취한다.

이와 같이 참음과 조화롭고 부드러움과 적멸을 성취하여 다음 지위의 업을 깨끗이 다스리고 뜻을 내어 수행할 때에 쉬지 않는 정진과, 섞이고 물들지 않는 정진과, 물러나지 않는 정진과, 광대한 정진과, 가없는 정진과, 치성한 정

중생정진　선분별도비도정진
衆生精進과 善分別道非道精進이니라

시보살　심계청정　심심불실　오해명
是菩薩이 心界淸淨하며 深心不失하며 悟解明

리　선근증장　이세구탁　단제의혹
利하며 善根增長하며 離世垢濁하며 斷諸疑惑하며

명단구족　희락충만　불친호념　무량
明斷具足하며 喜樂充滿하며 佛親護念하며 無量

지락　개실성취
志樂을 皆悉成就니라

불자　보살　주차염혜지　이원력고　득견
佛子야 菩薩이 住此燄慧地에 以願力故로 得見

다불
多佛하나니라

진과, 같음이 없이 평등한 정진과, 깨뜨릴 수 없는 정진과, 일체 중생을 성숙케 하는 정진과, 도와 도 아님을 잘 분별하는 정진을 얻는다.

이 보살이 마음 경계가 청정하며, 깊은 마음을 잃지 아니하며, 깨달아 앎이 밝고 예리하며, 선근이 증장하며, 세간의 혼탁을 여의며, 모든 의혹을 끊으며, 밝게 판단함을 구족하며, 기쁨과 즐거움이 충만하며, 부처님께서 친히 호념하시며, 한량없이 좋은 뜻을 모두 다 성취한다.

불자여, 보살이 이 염혜지에 머물러서 원력

소위견다백불　　　견다천불　　　견다백천불
所謂見多百佛하며 見多千佛하며 見多百千佛하며

내지견다백천억나유타불　　　개공경존중
乃至見多百千億那由他佛하야 皆恭敬尊重하고

승사공양　　　의복와구　　음식탕약　　일체자
承事供養하야 衣服臥具와 飲食湯藥과 一切資

생　　실이봉시
生을 悉以奉施하나라

역이공양일체중승　　　이차선근　　　개실회
亦以供養一切衆僧하야 以此善根으로 皆悉迴

향아뇩다라삼먁삼보리　　　어피불소　　공경
向阿耨多羅三藐三菩提하며 於彼佛所에 恭敬

청법　　문이수지　　구족수행
聽法하고 聞已受持하야 具足修行하나라

부어피제불법중　　출가수도　　우갱수치
復於彼諸佛法中에 出家修道하며 又更修治하야

으로 많은 부처님을 친견한다.

이른바 많은 백 부처님을 친견하며, 많은 천 부처님을 친견하며, 많은 백천 부처님을 친견하며, 내지 많은 백천억 나유타 부처님을 친견한다. 모두 공경하고 존중하며, 받들어 섬기고 공양올리며, 의복과 와구와 음식과 탕약과 일체 살림을 모두 받들어 보시한다.

또한 일체 대중 스님들에게 공양하며, 이 선근으로 모두 다 아뇩다라삼먁삼보리에 회향하며, 그 부처님 처소에서 공경히 법을 들으며, 듣고는 받아 지니어 구족하게 수행한다.

다시 저 모든 부처님 법에 출가하여 수도하

심심신해　　경무량백천억나유타겁　　영
深心信解하야 **經無量百千億那由他劫**토록 **令**

제선근　　전부명정
諸善根으로 **轉復明淨**하나니라

불자　비여금사　　연치진금　　작장엄구
佛子야 **譬如金師**가 **鍊治眞金**하야 **作莊嚴具**에

여소유금　개불능급
餘所有金이 **皆不能及**인달하니라

보살마하살　　역부여시　　주어차지소유선
菩薩摩訶薩도 **亦復如是**하야 **住於此地所有善**

근　하지선근　소불능급
根을 **下地善根**의 **所不能及**이니라

여마니보청정광륜　　능방광명　비제여보
如摩尼寶淸淨光輪이 **能放光明**에 **非諸餘寶**

지소능급　풍우등연　실불능괴　　보
之所能及이라 **風雨等緣**이 **悉不能壞**인달하야 **菩**

며, 또 다시 닦고 다스려서 깊은 마음으로 믿고 이해하며, 한량없는 백천억 나유타 겁을 지나도록 모든 선근이 더욱 밝고 깨끗하게 한다.

불자여, 비유하면 마치 금을 다루는 이가 진금을 잘 연단하여 장엄거리를 만들면 다른 금은 모두 능히 미치지 못하는 것과 같다.

보살마하살도 또한 다시 이와 같아서 이 지위에 머무르는 있는 바 선근은 아래 지위의 선근이 미칠 수 없는 것이다.

마니보배의 청정한 광명바퀴가 능히 놓는 광명은 모든 다른 보배가 미칠 수 있는 바가 아니다. 비바람 등의 연이 모두 깨뜨릴 수 없는

살마하살　역부여시　주어차지　하지보
薩摩訶薩도 亦復如是하야 住於此地에 下地菩

살　소불능급　중마번뇌　실불능괴
薩이 所不能及이라 衆魔煩惱가 悉不能壞니라

차보살　어사섭중　동사　편다　십바라
此菩薩이 於四攝中엔 同事가 偏多하고 十波羅

밀중　정진　편다　여비불수　단수력수
蜜中엔 精進이 偏多하며 餘非不修로대 但隨力隨

분
分이니라

불자　시명약설보살마하살　제사염혜지
佛子야 是名略說菩薩摩訶薩의 第四燄慧地니라

보살　주차지　다작수야마천왕　이선방
菩薩이 住此地에 多作須夜摩天王하야 以善方

것처럼, 보살마하살도 또한 다시 이와 같아서 이 지위에 머무르면 아래 지위의 보살들은 미칠 수 없는 바이며, 온갖 마군의 번뇌가 모두 능히 깨뜨리지 못한다.

이 보살이 사섭법 중에는 동사섭이 치우쳐 많고, 십바라밀 중에는 정진이 치우쳐 많다. 다른 것을 닦지 않는 것은 아니나 다만 힘을 따르고 분한을 따를 뿐이다.

불자여, 이것이 보살마하살의 제4 염혜지를 간략히 설한 것이다.

보살이 이 지위에 머무름에 많이 수야마천

편　　능제중생　　신견등혹　　영주정견
便으로 能除衆生의 身見等惑하야 令住正見하며

보시애어이행동사
布施愛語利行同事하나니라

여시일체제소작업　　개불리염불　　불리염
如是一切諸所作業이 皆不離念佛하며 不離念

법　　불리염승　　내지불리염구족일체종
法하며 不離念僧하며 乃至不離念具足一切種과

일체지지
一切智智니라

부작시념　　아당어일체중생중　　위수　　위
復作是念호대 我當於一切衆生中에 爲首며 爲

승　　위수승　　위묘　　위미묘　　위상　　위
勝이며 爲殊勝이며 爲妙며 爲微妙며 爲上이며 爲

무상　　내지위일체지지의지자
無上이며 乃至爲一切智智依止者라하나니라

왕이 되어 훌륭한 방편으로 능히 중생들의 몸이라는 견해 등의 의혹을 없애서 바른 견해에 머무르게 하며, 보시하고 사랑스러운 말을 하고 이익하게 하는 행을 하고 일을 같이 한다.

이와 같은 일체 모든 짓는 바 업이 모두 부처님을 생각함을 여의지 아니하며, 법을 생각함을 여의지 아니하며, 스님을 생각함을 여의지 아니하며, 내지 일체종과 일체지의 지혜 구족하기를 생각함을 여의지 아니한다.

다시 이 생각을 하기를, '내가 마땅히 일체 중생들 가운데서 상수가 되고, 수승한 이가 되고, 특히 수승한 이가 되고, 묘한 이가 되

시보살　약발근정진　　어일념경　득입억
是菩薩이 若發勤精進하면 於一念頃에 得入億

수삼매　　득견억수불　　득지억수불신
數三昧하야 得見億數佛하고 得知億數佛神

력　　능동억수세계　　내지능시현억수신
力하야 能動億數世界하며 乃至能示現億數身에

일일신　억수보살　이위권속
一一身이 億數菩薩로 以爲眷屬이니라

약이보살수승원력　　자재시현　　과어차
若以菩薩殊勝願力으로 自在示現인댄 過於此

수　　백겁천겁　　내지백천억나유타겁
數하야 百劫千劫과 乃至百千億那由他劫에도

불능수지
不能數知니라

고, 미묘한 이가 되고, 높은 이가 되고, 위없는 이가 되고, 내지 일체지의 지혜에 의지하는 자가 될 것이다.'라고 한다.

이 보살이 만약 부지런히 정진을 하면 한 생각 사이에 억 수의 삼매에 들어가고, 억 수의 부처님을 친견하고, 억 수의 부처님 위신력을 알고, 억 수의 세계를 능히 진동하고, 내지 억 수의 몸을 능히 나타내 보이고, 낱낱 몸이 억 수의 보살로 권속을 삼는다.

만약 보살의 수승한 원력으로 자재하게 나타내 보이면 이 수를 넘어서니, 백 겁과 천 겁과 내지 백천억 나유타 겁에도 능히 세어서 알 수 없다."

이시　　금강장보살　　욕중선기의　　　이설송
爾時에 金剛藏菩薩이 欲重宣其義하사 而說頌

언
言하시니라

보살이정제삼지　　차관중생세법계
菩薩已淨第三地에　　次觀衆生世法界와

공계식계급삼계　　심해실료능취입
空界識界及三界하야　心解悉了能趣入이로다

시등염지증세력　　생여래가영불퇴
始登燄地增勢力하야　生如來家永不退하며

어불법승신불괴　　관법무상무유기
於佛法僧信不壞하야　觀法無常無有起로다

그때에 금강장 보살이 그 뜻을 거듭 펴려고 게송을 설하여 말씀하였다.

보살이 이미 제3지를 깨끗이 하고
중생계와 세계와 법계와
허공계와 식계와 삼계를 차례로 관하고
마음이 열리어 모두 깨달아 능히 들어가도다.

염혜지에 처음 올라 세력이 늘어
여래의 집에 태어나 길이 물러나지 않고
불법승에 대한 믿음이 무너지지 않으며
법의 무상과 일어남이 없음을 관하도다.

관세성괴업유생
觀世成壞業有生과

생사열반찰등업
生死涅槃刹等業하며

관전후제역관진
觀前後際亦觀盡하야

여시수행생불가
如是修行生佛家로다

득시법이증자민
得是法已增慈愍하야

전갱근수사념처
轉更勤修四念處호대

신수심법내외관
身受心法內外觀하야

세간탐애개제견
世間貪愛皆除遣이로다

보살수치사근행
菩薩修治四勤行하야

악법제멸선증장
惡法除滅善增長하며

신족근력실선수
神足根力悉善修하며

칠각팔도역여시
七覺八道亦如是로다

세간이 이루어지고 무너짐과 업으로 생이 있음과

생사와 열반과 국토 등의 업을 관하며

과거와 미래를 관하고 또한 다함을 관하여

이와 같이 수행하여 부처님 집에 태어나도다.

이 법을 얻고서 자비를 증장하여

더욱더 사념처를 부지런히 닦되

몸과 느낌과 마음과 법을 안팎으로 관하여

세간의 탐욕과 애정을 모두 없애도다.

보살이 사정근의 행을 닦아 다스려서

악한 법은 없애고 선은 증장하며

사신족과 오근과 오력을 모두 잘 닦으며

칠각분과 팔정도 또한 이와 같이 닦도다.

위 도 중 생 수 피 행
爲度衆生修彼行에

본 원 소 호 자 비 수
本願所護慈悲首라

구 일 체 지 급 불 토
求一切智及佛土하며

역 념 여 래 십 종 력
亦念如來十種力과

사 무 소 외 불 공 법
四無所畏不共法과

수 특 상 호 심 미 음
殊特相好深美音하며

역 구 묘 도 해 탈 처
亦求妙道解脫處와

급 대 방 편 수 행 피
及大方便修行彼로다

신 견 위 수 육 십 이
身見爲首六十二와

아 급 아 소 무 량 종
我及我所無量種과

온 계 처 등 제 취 착
蘊界處等諸取著을

차 사 지 중 일 체 리
此四地中一切離로다

중생을 제도하기 위하여 저 행을 닦음에
본래 서원으로 보호하는 바이고 자비가 으뜸이라
일체지와 불국토를 구하고
또한 여래의 열 가지 힘을 생각하도다.

사무소외와 함께 하지 않는 법과
특수한 상호와 매우 아름다운 음성과
또한 묘한 도와 해탈처와
큰 방편들을 구하여 저 행을 닦도다.

몸이라는 견해가 첫째가 되어 육십이견과
'나'와 '내 것'이라는 무량한 종류와
온과 계와 처 등의 모든 집착을
이 제4지에서 일체를 여의도다.

여래소가번뇌행
如來所訶煩惱行을

이무의리개제단
以無義利皆除斷하고

지자수행청정업
智者修行淸淨業을

위도중생무부작
爲度衆生無不作이로다

보살근수불해태
菩薩勤修不懈怠에

즉득십심개구족
即得十心皆具足하고

전구불도무염권
專求佛道無厭倦하야

지기수직도중생
志期受職度衆生이로다

공경존덕수행법
恭敬尊德修行法하야

지은이회무온포
知恩易誨無慍暴하며

사만이첨심조유
捨慢離諂心調柔하야

전갱정근불퇴전
轉更精勤不退轉이로다

여래께서 꾸짖으신 번뇌의 행은
뜻과 이익이 없으므로 모두 끊어 없애고
지혜 있는 자가 수행하는 청정한 업은
중생을 제도하기 위하여 짓지 않음이 없도다.

보살이 부지런히 수행하여 게으르지 않아서
열 가지 마음 얻어 모두 구족하고
오로지 불도를 구하기에 싫어함이 없으며
뜻에 직분 받음을 기약하여 중생을 제도하도다.

덕 높은 이의 수행법을 공경하며
은혜 알고 교훈 받고 난폭함이 없으며
교만을 버리고 아첨을 여의고 마음이 부드러워
더욱더 부지런히 수행하여 퇴전하지 않도다.

보살주차염혜지
菩薩住此燄慧地에

기심청정영불실
其心淸淨永不失하며

오해결정선증장
悟解決定善增長하야

의망구탁실개리
疑網垢濁悉皆離로다

차지보살인중승
此地菩薩人中勝이라

공나유타무량불
供那由他無量佛하고

청문정법역출가
聽聞正法亦出家하니

불가저괴여진금
不可沮壞如眞金이로다

보살주차구공덕
菩薩住此具功德하며

이지방편수행도
以智方便修行道하니

불위중마심퇴전
不爲衆魔心退轉이

비여묘보무능괴
譬如妙寶無能壞로다

보살이 이 염혜지에 머무름에

그 마음 청정하여 영원히 잃지 않으며

깨달음이 결정하고 선이 증장하며

의혹의 그물과 더러운 때를 모두 다 여의도다.

이 지위의 보살이 인간 가운데 수승하여

나유타 한량없는 부처님께 공양올리며

바른 법을 듣고 또한 출가하니

무너뜨릴 수 없는 것이 진금과 같도다.

보살이 여기에 머물러 공덕 갖추고

지혜와 방편으로 도를 수행하여

마군들에 의해 마음이 퇴전하지 않으니

비유하면 묘한 보배 파괴할 수 없음과 같도다.

주차다작염천왕
住此多作燄天王하야

어법자재중소존
於法自在衆所尊이라

보화군생제악견
普化群生除惡見하고

전구불지수선업
專求佛智修善業이로다

보살근가정진력
菩薩勤加精進力에

획삼매등개억수
獲三昧等皆億數어니와

약이원지력소위
若以願智力所爲인댄

과어차수무능지
過於此數無能知로다

여시보살제사지
如是菩薩第四地의

소행청정미묘도
所行淸淨微妙道가

공덕의지공상응
功德義智共相應을

아위불자이선설
我爲佛子已宣說이로다

여기에 머무르면 많이 수야마천왕이 되고
법에 자재하여 대중이 존중하며
뭇 중생들을 널리 교화하여 나쁜 견해 없애주고
오로지 부처님 지혜 구하여 선한 업을 닦도다.

보살이 부지런히 정진하는 힘을 더해서
삼매를 얻는 등이 모두 억 수이나
만약 서원과 지혜의 힘으로 하는 것이면
이 수를 넘어서서 알 수 없도다.

이와 같은 보살의 제4지에서
행하는 바가 청정하고 미묘한 도가
공덕과 뜻과 지혜와 함께 상응함을
내가 불자들을 위하여 설하였도다.

제 오 지
第五地

보살문차승지행
菩薩聞此勝地行하고

어법해오심환희
於法解悟心歡喜하야

공중우화찬탄언
空中雨華讚歎言호대

선재대사금강장
善哉大士金剛藏이여

자재천왕여천중
自在天王與天衆이

문법용약주허공
聞法踊躍住虛空하야

보방종종묘광운
普放種種妙光雲하야

공양여래희충변
供養如來喜充徧이로다

제5지

보살이 이 수승한 지위의 행을 듣고
법을 깨달아 마음이 환희하여
공중에서 꽃비 내리며 찬탄해 말하였다.
"훌륭합니다, 큰보살 금강장이여."

자재천왕은 하늘의 대중들과 더불어
법문 듣고 뛰어올라 허공에 머무르며
갖가지 미묘한 광명구름을 널리 놓아서
여래께 공양올리고 환희가 두루 충만하며

천제채녀주천악
天諸采女奏天樂하며

역이언사가찬불
亦以言辭歌讚佛할새

실이보살위신고
悉以菩薩威神故로

어피성중발시언
於彼聲中發是言호대

불원구원금내만
佛願久遠今乃滿하시며

불도구원금내득
佛道久遠今乃得하사

석가문불지천궁
釋迦文佛至天宮하시니

이천인자구내견
利天人者久乃見이로다

대해구원금시동
大海久遠今始動하며

불광구원금내방
佛光久遠今乃放하시니

중생구원시안락
衆生久遠始安樂이요

대비음성구내문
大悲音聲久乃聞이로다

하늘의 모든 채녀들이 하늘 음악을 연주하며
또한 말로써 노래하여 부처님을 찬탄하니
모두 보살의 위신력인 까닭으로
그 소리 속에서 이 말을 하도다.

"부처님의 서원 오랜만에 이제 만족하고
부처님의 도 오랜만에 이제 얻으며
석가모니 부처님께서 천궁에 이르시니
천신과 사람을 이롭게 하신 분 오랜만에 뵙도다.

큰 바다 오랜만에 이제 비로소 움직이고
부처님의 광명 오랜만에 이제 놓으시며
중생들은 오랜만에 비로소 안락하여
대비의 음성을 오랜만에 듣도다.

공덕피안개이도
功德彼岸皆已到하며

교만흑암개이멸
憍慢黑闇皆已滅하시니

최극청정여허공
最極淸淨如虛空이요

불염세법유연화
不染世法猶蓮華로다

대모니존현어세
大牟尼尊現於世하시니

비여수미출거해
譬如須彌出巨海라

공양능진일체고
供養能盡一切苦하며

공양필득제불지
供養必得諸佛智하리니

차응공처공무등
此應供處供無等일새

시고환심공양불
是故歡心供養佛이로다

공덕의 저 언덕에 다 이미 이르렀고
캄캄한 교만을 다 이미 없앴으니
가장 지극히 청정함이 허공과 같으며
세간 법에 물들지 않음이 연꽃과 같도다.

위대한 석가모니 세존께서 세상에 출현하시니
마치 수미산이 큰 바다에서 솟아나온 듯함이라
공양올리면 일체 고통 끝낼 수 있고
공양올리면 반드시 모든 부처님 지혜 얻으리라.

이 응당 공양할 데 공양하면 같음이 없으리니
그러므로 환희심으로 부처님께 공양올리도다."

여시무량제천녀　　　발차언사칭찬이
如是無量諸天女가　　發此言辭稱讚已하고

일체공경희충만　　　첨앙여래묵연주
一切恭敬喜充滿하야　瞻仰如來黙然住로다

시시대사해탈월　　　부청무외금강장
是時大士解脫月이　　復請無畏金剛藏호대

제오지중제행상　　　유원불자위선설
第五地中諸行相을　　唯願佛子爲宣說하소서

이시　　금강장보살　　고해탈월보살언
爾時에　金剛藏菩薩이　告解脫月菩薩言하사대

이와 같이 한량없는 모든 천녀들이

이 말을 하면서 찬탄하니

일체가 공경하며 기쁨이 충만하여

여래를 우러러보며 잠자코 머무르도다.

이때에 큰보살 해탈월이

두려움 없는 금강장에게 다시 청하였다.

"제5지의 모든 행상을

오직 바라오니 불자시여, 말씀하소서."

그때에 금강장 보살이 해탈월 보살에게 말씀

하였다.

"불자여, 보살마하살이 제4지에서 행하는

불자 보살마하살 제사지소행도 선원만
佛子야 菩薩摩訶薩이 第四地所行道가 善圓滿

이 욕입제오난승지 당이십종평등청정
已에 欲入第五難勝地인댄 當以十種平等淸淨

심 취입
心趣入이니라

하등 위십
何等이 爲十고

소위어과거불법 평등청정심 미래불법
所謂於過去佛法에 平等淸淨心과 未來佛法에

평등청정심 현재불법 평등청정심
平等淸淨心과 現在佛法에 平等淸淨心이니라

계평등청정심 심평등청정심 제견의회
戒平等淸淨心과 心平等淸淨心과 除見疑悔

평등청정심 도비도지평등청정심
平等淸淨心과 道非道智平等淸淨心이니라

바 도를 이미 잘 원만케 하고, 제5 난승지에 들어가려 한다면 마땅히 열 가지의 평등하고 청정한 마음으로 들어가야 한다.

무엇이 열인가?

이른바 과거의 불법에 평등하고 청정한 마음과, 미래의 불법에 평등하고 청정한 마음과, 현재의 불법에 평등하고 청정한 마음이다.

계에 평등하고 청정한 마음과, 마음에 평등하고 청정한 마음과, 견해와 의혹을 끊음에 평등하고 청정한 마음과, 도와 도 아님에 대한 지혜에 평등하고 청정한 마음이다.

수행의 지혜의 견해에 평등하고 청정한 마음

수행지견평등청정심　　어일체보리분법
修行智見平等清淨心과　於一切菩提分法에

상상관찰평등청정심　　교화일체중생평등
上上觀察平等淸淨心과　敎化一切衆生平等

청정심
淸淨心이니라

보살마하살　　이차십종평등청정심　　　득입
菩薩摩訶薩이　以此十種平等淸淨心으로　得入

보살제오지
菩薩第五地니라

불자　　보살마하살　　주차제오지이　　이선수
佛子야　菩薩摩訶薩이　住此第五地已에　以善修

과, 일체 보리분법을 가장 뛰어나게 관찰함에 평등하고 청정한 마음과, 일체 중생을 교화함에 평등하고 청정한 마음이다.

보살마하살이 이 열 가지의 평등하고 청정한 마음으로 보살의 제5지에 들어간다.

불자여, 보살마하살이 이 제5지에 머무름에 보리분법을 잘 닦는 까닭이며, 깊은 마음을 잘 깨끗이 하는 까닭이며, 높고 수승한 도를 더욱 구하는 까닭이며, 진여를 수순하는 까닭이며, 원력으로 지니는 까닭이며, 일체 중생을

보리분법고　선정심심고　부전구상승도
菩提分法故며　善淨深心故며　復轉求上勝道

고　　수순진여고　　원력소지고　　어일체중
故며　隨順眞如故며　願力所持故며　於一切衆

생　자민불사고　적집복지조도고　정근
生에　慈愍不捨故며　積集福智助道故며　精勤

수습불식고　　출생선교방편고　　관찰조명
修習不息故며　出生善巧方便故며　觀察照明

상상지고　수여래호념고　염지력소지고
上上地故며　受如來護念故며　念智力所持故로

득불퇴전심
得不退轉心이니라

불자　차보살마하살　여실지차시고성제
佛子야　此菩薩摩訶薩이　如實知此是苦聖諦와

불쌍히 여김을 버리지 않는 까닭이며, 복덕과 지혜로 도를 돕는 일을 쌓아 모으는 까닭이며, 부지런히 닦아 익히기를 쉬지 않는 까닭이며, 교묘한 방편을 내는 까닭이며, 높고 높은 지위를 관찰하여 밝게 비추는 까닭이며, 여래의 호념을 받는 까닭이며, 기억하는 지혜의 힘으로 지니는 바인 까닭으로, 퇴전하지 않는 마음을 얻는다.

불자여, 이 보살마하살은 이것이 고라는 성스러운 진리이며, 이것이 고의 모여 일어남이라는 성스러운 진리이며, 이것이 고의 소멸이

차 시 고 집 성 제　　　차 시 고 멸 성 제　　　차 시 고 멸
此是苦集聖諦와　**此是苦滅聖諦**와　**此是苦滅**

도 성 제
道聖諦하나라

선 지 속 제　　　선 지 제 일 의 제　　　선 지 상 제
善知俗諦하며　**善知第一義諦**하며　**善知相諦**하며

선 지 차 별 제　　　선 지 성 립 제　　　선 지 사 제
善知差別諦하며　**善知成立諦**하며　**善知事諦**하며

선 지 생 제　　　선 지 진 무 생 제　　　선 지 입 도 지
善知生諦하며　**善知盡無生諦**하며　**善知入道智**

제　　　선 지 일 체 보 살 지 차 제 성 취 제　　　내 지
諦하며　**善知一切菩薩地次第成就諦**하며　**乃至**

선 지 여 래 지 성 취 제
善知如來智成就諦하나니라

라는 성스러운 진리이며, 이것이 고의 소멸로 가는 길이라는 성스러운 진리임을 사실대로 안다.

세속의 진리를 잘 알며, 제일의의 진리를 잘 알며, 형상의 진리를 잘 알며, 차별의 진리를 잘 알며, 성립의 진리를 잘 알며, 현상의 진리를 잘 알며, 생겨남의 진리를 잘 알며, 다하여 생겨남 없음의 진리를 잘 알며, 도에 들어가는 지혜의 진리를 잘 알며, 일체 보살의 지위가 차례로 이루어짐의 진리를 잘 알며, 내지 여래의 지혜가 이루어짐의 진리를 잘 안다.

차보살   수중생심락   영환희고   지속제
此菩薩이 隨衆生心樂하야 令歡喜故로 知俗諦하며

통달일실상고   지제일의제   각법자상공
通達一實相故로 知第一義諦하며 覺法自相共

상고   지상제   요제법분위차별고   지차
相故로 知相諦하며 了諸法分位差別故로 知差

별제
別諦하니라

선분별온계처고   지성립제   각신심고뇌
善分別蘊界處故로 知成立諦하며 覺身心苦惱

고   지사제   각제취생상속고   지생제
故로 知事諦하며 覺諸趣生相續故로 知生諦하며

일체열뇌   필경멸고   지진무생지제
一切熱惱가 畢竟滅故로 知盡無生智諦하니라

출생무이고   지입도지제   정각일체행상
出生無二故로 知入道智諦하며 正覺一切行相

이 보살이 중생 마음의 좋아함을 따라서 환희케 하므로 세속의 진리를 알며, 하나의 실상을 통달하므로 제일의의 진리를 알며, 법의 제 모양과 공통된 모양을 깨달으므로 형상의 진리를 알며, 모든 법의 구분된 지위의 차별을 알므로 차별의 진리를 안다.

온과 계와 처를 잘 분별하므로 성립의 진리를 알며, 몸과 마음의 고뇌를 깨달으므로 현상의 진리를 알며, 여러 갈래로 태어남이 서로 이어짐을 깨달으므로 생겨남의 진리를 알며, 일체 뜨거운 번뇌가 필경에 소멸하므로 다하여 생겨남이 없음의 지혜의 진리를 안다.

고　　선 지 일 체 보 살 지 차 제 상 속 성 취　　내 지
故로　善知一切菩薩地次第相續成就와　乃至

여 래 지 성 취 제
如來智成就諦니라

이 신 해 지 력　　지　　비 이 구 경 지 력　　지
以信解智力으로　知언정　非以究竟智力으로　知니라

불 자　　차 보 살 마 하 살　　득 여 시 제 제 지 이　　여
佛子야　此菩薩摩訶薩이　得如是諸諦智已에　如

실 지 일 체 유 위 법　　허 망 사 위　　광 혹 우 부
實知一切有爲法이　虛妄詐僞하야　誑惑愚夫하니라

보 살　　이 시　　어 제 중 생　　전 증 대 비　　생 대
菩薩이　爾時에　於諸衆生에　轉增大悲하야　生大

출생에 둘이 없으므로 도에 들어가는 지혜의 진리를 알며, 일체 행상을 바르게 깨달으므로 일체 보살의 지위가 차례로 상속하여 이루어짐과 내지 여래의 지혜가 이루어짐의 진리를 잘 안다.

믿고 이해하는 지혜의 힘으로 아는 것이고, 구경의 지혜의 힘으로 아는 것은 아니다.

불자여, 이 보살마하살이 이와 같은 모든 진리의 지혜를 얻고는 일체 유위법이 허망하고 거짓이며 어리석은 사람을 속이는 줄을 사실

자광명
慈光明이니라

불자　차보살마하살　득여시지력　불사일
佛子야 此菩薩摩訶薩이 得如是智力에 不捨一

체중생　　상구불지　　여실관일체유위행
切衆生하고 常求佛智하야 如實觀一切有爲行의

전제후제
前際後際하니라

지종전제무명유애고　생　　생사유전
知從前際無明有愛故로 生하야 生死流轉하며

어제온택　　불능동출　　증장고취　　무아
於諸蘊宅에 不能動出하며 增長苦聚호미 無我

무수자　　무양육자　　무갱삭취후취신자
無壽者하며 無養育者하며 無更數取後趣身者하야

이아아소
離我我所하나니라

대로 안다. 보살이 이때에 모든 중생들에게 대비심을 더욱 더하여 큰 자애의 광명을 낸다.

불자여, 이 보살마하살이 이와 같은 지혜의 힘을 얻음에 일체 중생을 버리지 아니하고 부처님의 지혜를 항상 구하여 일체 유위행의 지난 때와 오는 때를 사실대로 관찰한다.

지난 때의 무명으로부터 애착이 있는 까닭으로, 나서 생사에 유전하며 여러 오온의 집에서 헤어나지 못하고 고통의 무더기를 증장하되, '나'도 없고 오래 사는 이도 없고 길러주는 이도 없으며 다시 다음 갈래의 몸을 자주 받을 이도 없어서 '나'와 '나의 것'을 여읨을 안다.

여전제　　후제　　역여시　　개무소유　　허
如前際하야 後際도 亦如是하야 皆無所有라 虛

망탐착　　단진출리　　약유약무　　개여실
妄貪著을 斷盡出離하야 若有若無를 皆如實

지
知니라

불자　차보살마하살　부작시념
佛子야 此菩薩摩訶薩이 復作是念하니라

차제범부　우치무지　　심위가민　　유무
此諸凡夫가 愚癡無智하니 甚爲可愍이로다 有無

수신　　이멸금멸당멸　　여시진멸　　불
數身하야 已滅今滅當滅이니 如是盡滅이어늘 不

능어신　이생염상　　전갱증장기관고사
能於身에 而生厭想하고 轉更增長機關苦事하야

수생사류　　불능환반
隨生死流하야 不能還返하니라

지난 때와 같이 오는 때도 또한 이와 같아서 아무 것도 없는데 허망하게 탐내고 집착함을 다 끊어 벗어나니, 있고 없음을 모두 사실대로 안다.

불자여, 이 보살마하살이 다시 이 생각을 한다.

'이 모든 범부가 어리석고 지혜가 없으니 매우 가엾도다. 무수한 몸이 이미 없어졌고 지금 없어지고 장차 없어질 것이다. 이렇게 다 없어지거늘 몸에 대하여 싫은 생각을 내지 않고 기관의 괴로운 일만 점점 더 증장하여 생사의 흐름에 따라 능히 돌아오지 못한다.

어제온택　　불구출리　　부지우외사대독
於諸蘊宅에　不求出離하며　不知憂畏四大毒

사　　　　불능발출제만견전　　　불능식멸탐에
蛇하며　不能拔出諸慢見箭하며　不能息滅貪恚

치화　　　불능파괴무명흑암　　　불능건갈애
癡火하며　不能破壞無明黑暗하며　不能乾竭愛

욕대해
欲大海하니라

불구십력대성도사　　　입마의조림　　어생
不求十力大聖導師하고　入魔意稠林하야　於生

사해중　위각관파도지소표익
死海中에　爲覺觀波濤之所漂溺이니라

불자　차보살마하살　부작시념
佛子야　此菩薩摩訶薩이　復作是念하니라

차제중생　수여시고　　고궁곤박　　무구
此諸衆生이　受如是苦하야　孤窮困迫하야　無救

오온의 집에서 벗어나기를 구하지 아니하며, 사대의 독사를 걱정하고 두려워할 줄 알지 못하며, 교만과 견해의 화살을 능히 뽑지 못하며, 탐욕과 성냄과 어리석음의 불을 능히 끄지 못하며, 무명의 암흑을 깨뜨리지 못하며, 애욕의 큰 바다를 능히 말려 없애지 못한다.

열 가지 힘을 지닌 큰 성인 도사를 구하지 아니하고, 마군 같은 생각의 빽빽한 숲에 들어가 생사바다에서 각관의 파도에 휩쓸린다.'

불자여, 이 보살마하살이 다시 이 생각을 한다.

'이 모든 중생들이 이와 같은 고통을 받으며

무의　　무주무사　　무도무목　　무명부
無依하며 無洲無舍하며 無導無目하며 無明覆

예　　흑암전리
翳하고 黑暗纏裏하나라

아금위피일체중생　　수행복지조도지법
我今爲彼一切衆生하야 修行福智助道之法하야

독일발심　　불구반려　　이시공덕　　영제
獨一發心하고 不求伴侶하야 以是功德으로 令諸

중생　　필경청정　　내지획득여래십력무
衆生으로 畢竟淸淨하며 乃至獲得如來十力無

애지혜
礙智慧케호리라하나니라

불자　　차보살마하살　　이여시지혜관찰　　소
佛子야 此菩薩摩訶薩이 以如是智慧觀察로 所

고독하고 곤궁하지만 구제할 이도 없고, 의지할 데도 없고, 쉴 곳도 없고, 집도 없으며, 인도할 이도 없고, 눈도 없어서, 무명에 덮이고 암흑에 싸여 있다.

내가 이제 저 일체 중생을 위하여 복과 지혜로 도를 돕는 법을 수행하되, 홀로 발심하고 반려를 구하지 않을 것이며, 이 공덕으로 모든 중생들로 하여금 필경에 청정하게 하며, 내지 여래의 열 가지 힘과 걸림 없는 지혜를 얻게 하리라.'

불자여, 이 보살마하살이 이와 같이 지혜로

수선근　　개위구호일체중생　　　이익일체중
修善根은 皆爲救護一切衆生하며 利益一切衆

생
生하니라

안락일체중생　　　애민일체중생　　성취일
安樂一切衆生하며 哀愍一切衆生하며 成就一

체중생　　해탈일체중생　　　섭수일체중생
切衆生하며 解脫一切衆生하며 攝受一切衆生하니라

영일체중생　　　이제고뇌　　　영일체중생
令一切衆生으로 離諸苦惱하며 令一切衆生으로

보득청정　　　영일체중생　　실개조복　　　영
普得淸淨하며 令一切衆生으로 悉皆調伏하며 令

일체중생　　입반열반
一切衆生으로 入般涅槃이니라

관찰하며 닦는 선근은 모두 일체 중생을 구호하고, 일체 중생을 이익케 한다.

일체 중생을 안락케 하고, 일체 중생을 불쌍히 여기고, 일체 중생을 성취케 하고, 일체 중생을 해탈케 하고, 일체 중생을 섭수한다.

일체 중생이 모든 고뇌를 여의게 하고, 일체 중생이 널리 청정함을 얻게 하고, 일체 중생이 모두 다 조복케 하고, 일체 중생이 열반에 들게 하기 위한 것이다.

불자 보살마하살 주차제오난승지 명
佛子야 **菩薩摩訶薩**이 **住此第五難勝地**에 **名**

위염자 불망제법고 명위지자 능선결
爲念者니 **不忘諸法故**며 **名爲智者**니 **能善決**

료고 명위유취자 지경의취차제연합고
了故며 **名爲有趣者**니 **知經意趣次第連合故**며

명위참괴자 자호호타고 명위견고자 불
名爲慚愧者니 **自護護他故**며 **名爲堅固者**니 **不**

사계행고
捨戒行故니라

명위각자 능관시처비처고 명위수지자
名爲覺者니 **能觀是處非處故**며 **名爲隨智者**니

불수어타고 명위수혜자 선지의비의구
不隨於他故며 **名爲隨慧者**니 **善知義非義句**

차별고 명위신통자 선수선정고 명위방
差別故며 **名爲神通者**니 **善修禪定故**며 **名爲方**

불자여, 보살마하살이 이 제5 난승지에 머무름에 '기억하는 이'라 이름하니 모든 법을 잊지 않는 까닭이며, '지혜 있는 이'라 이름하니 능히 잘 분명히 아는 까닭이며, '취지가 있는 이'라 이름하니 경의 의취를 알아서 차례로 연합하는 까닭이며, '부끄러움을 아는 이'라 이름하니 스스로 보호하고 남도 보호하는 까닭이며, '견고한 이'라 이름하니 계행을 버리지 않는 까닭이다.

'깨달은 이'라 이름하니 옳은 도리와 그른 도리를 능히 관찰하는 까닭이며, '슬기를 따르는 이'라 이름하니 다른 것을 따르지 않는 까닭이며, '지혜를 따르는 이'라 이름하니 이치에 맞

편선교자　　능수세행고
便善巧者니 能隨世行故니라

명위무염족자　　선집복덕고　　명위불휴식
名爲無厭足者니 善集福德故며 名爲不休息

자　　상구지혜고　　명위불피권자　　집대자비
者니 常求智慧故며 名爲不疲倦者니 集大慈悲

고
故니라

명위위타근수자　　욕령일체중생　　　입열반
名爲爲他勤修者니 欲令一切衆生으로 入涅槃

고　　명위근구불해자　　구여래력무외불공
故며 名爲勤求不懈者니 求如來力無畏不共

법고　　명위발의능행자　　성취장엄불토
法故며 名爲發意能行者니 成就莊嚴佛土

고
故니라

고 이치에 맞지 않는 말의 차별을 잘 아는 까닭이며, '신통한 이'라 이름하니 선정을 잘 닦는 까닭이며, '방편이 교묘한 이'라 이름하니 능히 세상을 따라 행하는 까닭이다.

'만족해 싫어함이 없는 이'라 이름하니 복덕을 잘 모으는 까닭이며, '쉬지 않는 이'라 이름하니 항상 지혜를 구하는 까닭이며, '피로해 게으르지 않는 이'라 이름하니 대자비를 모으는 까닭이다.

'남을 위하여 부지런히 수행하는 이'라 이름하니 일체 중생으로 하여금 열반에 들게 하려는 까닭이며, '부지런히 구하고 나태하지 않는

명위근수종종선업자　능구족상호고　　명
名爲勤修種種善業者니 能具足相好故며 名

위상근수습자　구장엄불신어의고　　명위
爲常勤修習者니 求莊嚴佛身語意故며 名爲

대존중공경법자　어일체보살법사처　　여
大尊重恭敬法者니 於一切菩薩法師處에 如

교이행고
敎而行故니라

명위심무장애자　이대방편　　상행세간
名爲心無障礙者니 以大方便으로 常行世間

고　명위일야원리여심자　상락교화일체
故며 名爲日夜遠離餘心者니 常樂敎化一切

중생고
衆生故니라

이’라 이름하니 여래의 힘과 두려움 없음과 함께 하지 않는 법을 구하는 까닭이며, ‘뜻을 내어 능히 행하는 이’라 이름하니 불국토를 장엄함을 성취하는 까닭이다.

‘갖가지 선한 업을 부지런히 닦는 이’라 이름하니 능히 상호를 구족하는 까닭이며, ‘항상 부지런히 닦아 익히는 이’라 이름하니 부처님의 몸과 말과 뜻을 장엄하기를 구하는 까닭이며, ‘법을 크게 존중하고 공경하는 이’라 이름하니 일체 보살과 법사의 처소에서 가르침대로 행하는 까닭이다.

‘마음에 장애가 없는 이’라 이름하니 큰 방

불자　　보살마하살　　여시근수행시　　이보
佛子야 菩薩摩訶薩이 如是勤修行時에 以布

시　　교화중생　　　이애어이행동사　　교화
施로 敎化衆生하며 以愛語利行同事로 敎化

중생
衆生하나니라

시현색신　　교화중생　　연설제법　　교화
示現色身하야 敎化衆生하며 演說諸法하야 敎化

중생　　개시보살행　　교화중생　　현시여
衆生하며 開示菩薩行하야 敎化衆生하며 顯示如

래대위력　　교화중생　　시생사과환　　교
來大威力하야 敎化衆生하며 示生死過患하야 敎

화중생
化衆生하나라

칭찬여래지혜이익　　교화중생　　현대신
稱讚如來智慧利益하야 敎化衆生하며 現大神

편으로 항상 세간에서 행하는 까닭이며, '밤
낮으로 다른 마음을 멀리 여의는 이'라 이름
하니 일체 중생을 교화하기를 항상 즐기는 까
닭이다.

불자여, 보살마하살이 이와 같이 부지런히
수행할 때에 보시로써 중생을 교화하며, 자애
로운 말을 하고, 이익하게 하는 행을 하고, 일
을 같이 함으로써 중생을 교화한다.

색신을 나타내어 중생을 교화하며, 여러 법
을 연설하여 중생을 교화하며, 보살행을 열어
보여서 중생을 교화하며, 여래의 큰 위력을 나

통력   교화중생   이종종방편행   교화
通力하야 敎化衆生하며 以種種方便行으로 敎化

중생
衆生이니라

불자   차보살마하살   능여시근방편   교
佛子야 此菩薩摩訶薩이 能如是勤方便으로 敎

화중생   심항상속   취불지혜   소
化衆生하야 心恒相續하며 趣佛智慧하며 所

작선근   무유퇴전   상근수학수승행
作善根이 無有退轉하며 常勤修學殊勝行

법
法이니라

불자   차보살마하살   위이익중생고   세간
佛子야 此菩薩摩訶薩이 爲利益衆生故로 世閒

타내 보여서 중생을 교화하며, 생사의 허물과 근심을 보여서 중생을 교화한다.

여래의 지혜와 이익을 칭찬하여 중생을 교화하며, 큰 신통력을 나타내어 중생을 교화하며, 갖가지 방편행으로 중생을 교화한다.

불자여, 이 보살마하살이 능히 이와 같이 부지런히 방편으로 중생을 교화하여 마음이 항상 서로 이어져 부처님의 지혜에 나아가며, 짓는 선근이 퇴전함이 없으며, 수승한 행법을 항상 부지런히 닦고 배운다.

불자여, 이 보살마하살이 중생을 이익케 하

기예　미불해습
技藝를 靡不該習하나니라

소위문자산수　도서인새　지수화풍　종종
所謂文字筭數와 圖書印璽와 地水火風과 種種

제론　함소통달
諸論을 咸所通達이니라

우선방약　요치제병　전광건소　귀매
又善方藥하야 療治諸病호대 癲狂乾痟와 鬼魅

고독　실능제단　문필찬영　가무기악
蠱毒을 悉能除斷하며 文筆讚詠과 歌舞妓樂과

희소담설　실선기사
戲笑談說을 悉善其事하니라

국성촌읍　궁택원원　천류피지　초수화
國城村邑과 宮宅園苑과 泉流陂池와 草樹華

약　범소포열　함득기의　금은마니
藥의 凡所布列을 咸得其宜하며 金銀摩尼와

기 위하여 세간의 기예를 모두 익히지 않음이 없다.

이른바 문자와 산수와 그림과 글과 인장과 지대·수대·화대·풍대와 갖가지 여러 이론들을 모두 통달하는 것이다.

또 약을 처방함에 능숙하여 여러 병을 치료하되 간질과 미친 증세와 소갈병과 귀신에 홀림과 독에 중독됨을 모두 능히 없애며, 문장과 글씨와 찬탄하는 시가와 노래와 춤과 기악과 웃기는 재담, 그 일을 모두 잘한다.

나라와 도성과 마을과 궁전과 가옥과 정원과 샘과 연못과 풀과 나무와 꽃과 약초들을 배치

진주유리　나패벽옥　산호등장　실지기
眞珠瑠璃와　螺貝璧玉과　珊瑚等藏을　悉知其

처　　　　출이시인　　일월성수　　조명지진
處하야　出以示人하며　日月星宿와　鳥鳴地震과

야몽길흉　　신상휴구　　함선관찰　　일무착
夜夢吉凶과　身相休咎를　咸善觀察하야　一無錯

류
謬하니라

지계입선　　신통무량　　사무색등　　급여
持戒入禪과　神通無量과　四無色等과　及餘

일체세간지사　　단어중생　　불위손뇌
一切世閒之事를　但於衆生에　不爲損惱하고

위이익고　　함실개시　　점령안주무상불
爲利益故로　咸悉開示하야　漸令安住無上佛

법
法이니라

하는 것에 모두 그 마땅함을 얻으며, 금·은· 마니·진주·유리·나패·벽옥·산호 등의 묻혀 있음을 그 장소를 다 알고 파내어 사람들에게 보여주며, 해와 달과 별과 새가 울고 지진이 일어남과 꿈의 길흉과 신수와 관상의 좋고 나쁨을 모두 잘 관찰하여 하나도 틀림이 없다.

계를 지니고 선정에 들어 신통이 한량없고, 사무색정 등과 다른 일체 세간의 일을 다만 중생에게 손해와 번뇌가 되지 않고 이익되게 하기 위한 까닭에 모두 다 열어 보여서 점차 위없는 부처님 법에 편안히 머무르게 한다.

불자　보살　주시난승지　이원력고　득견
佛子야 菩薩이 住是難勝地에 以願力故로 得見

다불
多佛하나니라

소위견다백불　　견다천불　　견다백천불
所謂見多百佛하며 見多千佛하며 見多百千佛하며

내지견다백천억나유타불
乃至見多百千億那由他佛하나라

실공경존중　　승사공양　　의복음식　와
悉恭敬尊重하고 承事供養호대 衣服飮食과 臥

구탕약　일체자생　실이봉시
具湯藥과 一切資生을 悉以奉施하나라

역이공양일체중승　　이차선근　　회향아
亦以供養一切衆僧하야 以此善根으로 迴向阿

녹다라삼막삼보리　　어제불소　공경청
耨多羅三藐三菩提하며 於諸佛所에 恭敬聽

불자여, 보살이 이 난승지에 머물러서 원력으로 많은 부처님을 친견한다.

이른바 많은 백 부처님을 친견하며, 많은 천 부처님을 친견하며, 많은 백천 부처님을 친견하며, 내지 많은 백천억 나유타 부처님을 친견한다.

모두 공경하고 존중하며, 받들어 섬기고 공양올리며, 의복과 음식과 와구와 탕약과 일체 살림을 모두 받들어 보시한다.

또한 일체 대중 스님들에게 공양하며, 이 선근으로 아뇩다라삼먁삼보리에 회향하며, 모든 부처님 처소에서 공경히 법을 들으며, 듣고는

법　　　문이수지　　　수력수행
法하고 聞已受持하야 隨力修行하나라

부어피제불법중　　이득출가　　　기출가이
復於彼諸佛法中에 而得出家하야 旣出家已에

우갱문법　　　득다라니　　　위문지법사　　　주
又更聞法하고 得陀羅尼하야 爲聞持法師하야 住

차지중　　　경어백겁　　　경어천겁　　　내지무량
此地中하야 經於百劫하며 經於千劫과 乃至無量

백천억나유타겁　　　소유선근　　　전갱명정
百千億那由他劫하야 所有善根이 轉更明淨하나니라

불자　　　비여진금　　　이차거마영　　　전갱명
佛子야 譬如眞金이 以硨磲磨瑩에 轉更明

정　　　　　차지보살　　　소유선근　　　역부여시
淨인달하야 此地菩薩의 所有善根도 亦復如是하야

이방편혜　　　사유관찰　　　전갱명정
以方便慧로 思惟觀察에 轉更明淨이니라

받아 지니며, 힘을 따라 수행한다.

다시 저 모든 부처님 법에 출가하고, 출가하고는 또 다시 법을 듣고 다라니를 얻어서 듣고 지니는 법사가 되어, 이 지위에 머물러 백 겁을 지나고 천 겁 내지 한량없는 백천억 나유타 겁을 지나 있는 바 선근이 점점 더 밝고 깨끗해진다.

불자여, 비유하면 진금을 차거로써 갈고 닦으면 더욱더 밝고 깨끗해지는 것처럼, 이 지위의 보살에게 있는 바 선근도 또한 다시 이와 같아서 방편과 지혜로써 생각하고 관찰하면 더욱더 밝고 깨끗해진다.

불자　보살　주차난승지　　이방편지　성
佛子야 菩薩이 住此難勝地하야 以方便智로 成

취공덕　하지선근　소불능급
就功德에 下地善根의 所不能及이니라

불자　여일월성수궁전광명　풍력소지　불
佛子야 如日月星宿宮殿光明이 風力所持로 不

가저괴　역비여풍　소능경동　　　차지보
可沮壞며 亦非餘風의 所能傾動인달하야 此地菩

살　소유선근　역부여시　　이방편지　수
薩의 所有善根도 亦復如是하야 以方便智로 隨

축관찰　불가저괴　　역비일체성문독각세
逐觀察에 不可沮壞며 亦非一切聲聞獨覺世

간선근　소능경동
間善根의 所能傾動이니라

차보살　십바라밀중　선바라밀　편다
此菩薩이 十波羅蜜中에 禪波羅蜜이 偏多하니

불자여, 보살이 이 난승지에 머물러서 방편과 지혜로 성취한 공덕은 아래 지위의 선근이 미칠 수 없는 것이다.

불자여, 마치 해와 달과 별의 궁전의 광명은 바람의 힘으로 유지되므로 저해할 수 없으며, 또한 다른 바람이 움직일 수 있는 바가 아닌 것처럼, 이 지위의 보살에게 있는 바 선근도 또한 다시 이와 같아서 방편과 지혜로 따르면서 관찰하므로 저해할 수 없으며, 또한 일체 성문과 독각과 세간의 선근이 움직일 수 있는 바가 아니다.

이 보살이 십바라밀 중에서 선정바라밀이 치

여비불수　　단수력수분
餘非不修로대　但隨力隨分이니라

불자　　시명약설보살마하살　　제오난승
佛子야　是名略說菩薩摩訶薩의　第五難勝

지
地니라

보살　　주차지　　다작도솔타천왕　　어제중
菩薩이　住此地에　多作兜率陀天王하야　於諸衆

생　　소작자재　　최복일체외도사견　　능
生에　所作自在하야　摧伏一切外道邪見하고　能

령중생　　주실제중　　보시애어이행동
令衆生으로　住實諦中하며　布施愛語利行同

사　　여시일체제소작업　　개불리염불
事하나니　如是一切諸所作業이　皆不離念佛하며

우쳐 많다. 다른 것을 닦지 않는 것은 아니나 다만 힘을 따르고 분한을 따를 뿐이다.

불자여, 이것이 보살마하살의 제5 난승지를 간략히 설한 것이다.

보살이 이 지위에 머무름에 많이 도솔타천왕이 되어 모든 중생들에게 하는 바가 자재하며, 일체 외도들의 삿된 견해를 꺾어 조복하며, 능히 중생들로 하여금 진실한 진리에 머무르게 하며, 보시하고 사랑스러운 말을 하고 이익하게 하는 행을 하고 일을 같이 한다.

이와 같은 일체 모든 짓는 바 업이 모두 부처

불리염법　　불리염승　　내지불리염구족
不離念法하며　不離念僧하며　乃至不離念具足

일체종　　일체지지
一切種과　一切智智니라

부작시념　　아당어중생중　　위수　　위승
復作是念호대　我當於衆生中에　爲首며　爲勝이며

위수승　　위묘　　위미묘　　위상　　위무상
爲殊勝이며　爲妙며　爲微妙며　爲上이며　爲無上이며

내지위일체지지의지자
乃至爲一切智智依止者라하나니라

차보살　　약발근정진　　어일념경　　득
此菩薩이　若發勤精進하면　於一念頃에　得

천억삼매　　견천억불　　지천억불신력　　능
千億三昧하야　見千億佛하고　知千億佛神力하야　能

동천억불세계　　내지시현천억신　　일일
動千億佛世界하며　乃至示現千億身호대　一一

님을 생각함을 여의지 아니하며, 법을 생각함을 여의지 아니하며, 스님을 생각함을 여의지 아니하며, 내지 일체종과 일체지의 지혜 구족하기를 생각함을 여의지 아니한다.

다시 이 생각을 하기를, '내가 마땅히 중생들 가운데서 상수가 되고, 수승한 이가 되고, 특히 수승한 이가 되고, 묘한 이가 되고, 미묘한 이가 되고, 높은 이가 되고, 위없는 이가 되고, 내지 일체지의 지혜에 의지하는 자가 될 것이다.'라고 한다.

이 보살이 만약 부지런히 정진을 하면 한 생각 사이에 천억 삼매를 얻고, 천억 부처님을

신　　시천억보살　　이위권속
身_에 示千億菩薩_로 以爲眷屬_{이니라}

약이보살수승원력　　　자재시현　　　과어차
若以菩薩殊勝願力_{으로} 自在示現_{인댄} 過於此

수　　　백겁천겁　　　내지백천억나유타겁
數_{하야} 百劫千劫_과 乃至百千億那由他劫_{에도}

불능수지
不能數知_{니라}

이시　　금강장보살　　욕중선기의　　　이설송왈
爾時_에 金剛藏菩薩_이 欲重宣其義_{하사} 而說頌曰

친견하고, 천억 부처님의 위신력을 알고, 천억 부처님의 세계를 능히 진동하며, 내지 천억 몸을 나타내 보이고, 낱낱 몸에 천억 보살을 권속으로 삼음을 보인다.

만약 보살의 수승한 원력으로 자재하게 나타내 보이면 이 수를 넘어서니, 백 겁과 천 겁과 내지 백천억 나유타 겁에도 능히 세어서 알 수 없다."

이때에 금강장 보살이 그 뜻을 거듭 펴려고 게송을 설하여 말씀하였다.

보살사지이청정
菩薩四地已淸淨에

사유삼세불평등
思惟三世佛平等과

계심제의도비도
戒心除疑道非道하야

여시관찰입오지
如是觀察入五地로다

염처위궁근이전
念處爲弓根利箭과

정근위마신족거
正勤爲馬神足車와

오력견개파원적
五力堅鎧破怨敵하고

용건불퇴입오지
勇健不退入五地로다

참괴위의각분만
慚愧爲衣覺分鬘과

정계위향선도향
淨戒爲香禪塗香과

지혜방편묘장엄
智慧方便妙莊嚴으로

입총지림삼매원
入總持林三昧苑하며

보살의 제4지가 이미 청정함에
삼세 부처님의 평등함과
계와 마음과 의심 없앰과 도와 도 아님을 사유해서
이와 같이 관찰하여 제5지에 들도다.

염처가 활이 되고 근은 예리한 화살이며
정근은 말이 되고 신족은 수레이며
오력은 견고한 갑옷이니 적을 깨뜨리고
용맹하여 물러서지 않고 제5지에 들도다.

참괴는 옷이 되고 각분은 꽃다발이며
청정한 계는 향이 되고 선정은 바르는 향이며
지혜와 방편의 미묘한 장엄으로
총지의 숲과 삼매의 동산에 들도다.

여의위족정념경
如意爲足正念頸과

자비위안지혜아
慈悲爲眼智慧牙와

인중사자무아후
人中師子無我吼로

파번뇌원입오지
破煩惱怨入五地로다

보살주차제오지
菩薩住此第五地에

전수승상청정도
轉修勝上淸淨道하야

지구불법불퇴전
志求佛法不退轉하고

사념자비무염권
思念慈悲無厭倦이로다

적집복지승공덕
積集福智勝功德하야

정근방편관상지
精勤方便觀上地하나니

불력소가구념혜
佛力所加具念慧로다

요지사제개여실
了知四諦皆如實하며

여의는 발이 되고 정념은 목이며

자비는 눈이 되고 지혜는 치아이니

사람 가운데 사자가 무아의 사자후로

번뇌의 원수를 깨뜨리고 제5지에 들도다.

보살이 이 제5지에 머물러

수승하고 높은 청정한 도를 더욱 닦으며

뜻에 불법을 구하여 퇴전하지 않고

자비를 생각하여 싫어하거나 게으르지 않도다.

복과 지혜의 수승한 공덕을 쌓아 모으며

부지런함과 방편으로 위의 지위를 관하니

부처님 힘의 가피로 지혜를 갖추도다.

사성제를 다 사실과 같이 분명히 알고

선지세제승의제
善知世諦勝義諦와

상제차별성립제
相諦差別成立諦와

사제생진급도제
事諦生盡及道諦와

내지여래무애제
乃至如來無礙諦하나니

여시관제수미묘
如是觀諦雖微妙나

미득무애승해탈
未得無礙勝解脫이라

이차능생대공덕
以此能生大功德일새

시고초과세지혜
是故超過世智慧로다

기관제이지유위
既觀諦已知有爲의

체성허위무견실
體性虛僞無堅實하고

득불자민광명분
得佛慈愍光明分하야

위리중생구불지
爲利衆生求佛智로다

세속의 진리와 수승한 뜻의 진리와
형상의 진리와 차별과 성립의 진리와
현상의 진리와 생겨남과 다함과 도의 진리와
내지 여래의 걸림 없는 진리를 잘 알도다.

이와 같은 진리를 관찰함이 비록 미묘하나
아직 걸림 없는 수승한 해탈 얻지 못함이라
이로써 큰 공덕을 능히 내므로
그러므로 세간의 지혜를 뛰어 넘도다.

이미 진리를 관찰하고는 유위의
체성이 허망하여 견실하지 못함을 관하고
부처님의 자비하신 광명의 부분을 얻어서
중생을 이롭게 하기 위해 부처님 지혜를 구하도다.

관제유위선후제
觀諸有爲先後際에

무명흑암애전박
無明黑闇愛纏縛하야

유전지회고취중
流轉遲迴苦聚中이나

무아무인무수명
無我無人無壽命이로다

애취위인수래고
愛取爲因受來苦여

욕구변제불가득
欲求邊際不可得이라

미망표류무반기
迷妄漂流無返期하니

차등가민아응도
此等可愍我應度로다

온택계사제견전
蘊宅界蛇諸見箭이여

심화맹치치암중
心火猛熾癡闇重하며

애하표전불가관
愛河漂轉不暇觀하며

고해윤서궐명도
苦海淪湑闕明導로다

모든 유위의 앞뒤를 관하니
무명의 어두움과 애욕에 얽매여
고통 무더기에 유전하여 헤매나
나도 없고 남도 없고 수명도 없도다.

애욕과 취착이 원인이 되어 고통을 받으나
끝간 데를 구하려 해도 얻을 수 없어
미망에 표류하여 돌아올 기약이 없으니
이들이 불쌍하여 내가 응당 제도하리라.

온은 집이고 계는 독사이고 모든 견해는 화살이며
마음의 불은 맹렬하며 어리석음의 어둠은 두터워
애욕의 강에 휩쓸려 살펴볼 겨를이 없고
고통바다에 빠졌으나 밝게 인도할 이 없도다.

여시지이근정진
如是知已勤精進하니

소작개위도중생
所作皆爲度衆生이라

명위유념유혜자
名爲有念有慧者며

내지각해방편자
乃至覺解方便者로다

습행복지무염족
習行福智無厭足하며

공경다문불피권
恭敬多聞不疲倦하며

국토상호개장엄
國土相好皆莊嚴하니

여시일체위중생
如是一切爲衆生이로다

위욕교화제세간
爲欲敎化諸世間하야

선지서수인등법
善知書數印等法하며

역부선해제방약
亦復善解諸方藥하야

요치중병실령유
療治衆病悉令愈로다

이와 같이 알고서 부지런히 정진하여

짓는 바가 모두 중생을 제도하기 위함이라

기억하는 이와 지혜로운 이와

내지 깨달은 이와 방편 있는 이라 이름하도다.

복과 지혜를 닦아 행함에 만족해 싫어함이 없고

공경하고 많이 들음에 피로하거나 게으르지 않으며

국토와 상호를 모두 장엄하니

이와 같은 일체가 중생을 위함이로다.

모든 세간을 교화하고자

글과 산수와 인장 등의 법을 잘 알며

또한 모든 약 처방을 잘 이해하여

온갖 병을 치료하여 모두 낫게 하도다.

문사가무개교묘
文詞歌舞皆巧妙하며

궁택원지실안은
宮宅園池悉安隱하며

보장비일함시인
寶藏非一咸示人하니

이익무량중생고
利益無量衆生故로다

일월성수지진동
日月星宿地震動과

내지신상역관찰
乃至身相亦觀察하며

사선무색급신통
四禪無色及神通을

위익세간개현시
爲益世間皆顯示로다

지자주차난승지
智者住此難勝地에

공나유불역청법
供那由佛亦聽法하니

여이묘보마진금
如以妙寶磨眞金하야

소유선근전명정
所有善根轉明淨이로다

문장과 시가와 노래와 춤 모두 교묘하고
궁전과 집과 정원과 연못 모두 안온하며
하나가 아닌 보배창고도 다 사람에게 보이니
한량없는 중생들을 이익하게 하도다.

해와 달과 별과 지진의 움직임과
내지 신수와 관상 또한 관찰하며
사선과 무색정과 신통을
세간을 이익케 하기 위해 모두 나타내 보이도다.

지혜로운 자가 이 난승지에 머물러
나유타 부처님께 공양올리고 또한 법을 들으니
미묘한 보배로써 진금을 연마하듯이
있는 바 선근이 점점 밝고 청정해지도다.

비여성수재허공
譬如星宿在虛空에

풍력소지무손동
風力所持無損動하며

역여연화불착수
亦如蓮華不著水하야

여시대사행어세
如是大士行於世로다

주차다작도솔왕
住此多作兜率王하야

능최이도제사견
能摧異道諸邪見하고

소수제선위불지
所修諸善爲佛智라

원득십력구중생
願得十力救衆生이로다

피부수행대정진
彼復修行大精進하면

즉시공양천억불
卽時供養千億佛하며

득정동찰역부연
得定動刹亦復然이어니와

원력소작과어시
願力所作過於是로다

비유하면 별들이 허공에 있어
바람의 힘에 유지되어 상하고 흔들림 없듯이
또한 연꽃에 물이 붙지 않듯이
이와 같이 큰보살이 세상에서 행하도다.

여기에 머물러 많이 도솔천왕이 되어
외도들의 모든 삿된 견해를 능히 꺾어버리고
닦는 바 모든 선근은 부처님 지혜를 위함이니
열 가지 힘을 얻어 중생을 구제하기 원하도다.

그가 다시 수행하여 크게 정진하면
즉시 천억 부처님께 공양올리며
선정을 얻고 불국토를 진동함이 또한 그러하고
원력으로 짓는 바이면 이를 넘어서도다.

여시제오난승지
如是第五難勝地의

인중최상진실도
人中最上眞實道를

아이종종방편력
我以種種方便力으로

위제불자선설경
爲諸佛子宣說竟이로다

〈大方廣佛華嚴經 卷第三十六〉

이와 같은 제5 난승지의
인간 가운데 가장 높은 진실한 도를
내가 갖가지 방편의 힘으로써
모든 불자들을 위하여 설해 마쳤도다.

〈대방광불화엄경 제36권〉

大方廣佛華嚴經

부록

•

대방광불화엄경 목차

•

간행사

대방광불화엄경
목차

간 행 사

　귀의삼보 하옵고,

　『대방광불화엄경』의 수지 독송과 유통을 발원하면서 수미정사 불전연구원에서 『독송본 한문·한글역 대방광불화엄경』과 『사경본 한글역 대방광불화엄경』을 편찬하여 간행하게 되었습니다.

　『화엄경』은 우리나라에 전래된 이래 일찍부터 사경되고 주석·강설되어 왔으며 근현대에 이르러서는 『화엄경』의 한글 번역과 연구도 부쩍 많이 이루어졌습니다. 그만큼 『화엄경』이 우리 불자님들의 신행과 해탈에 큰 의지처가 되었던 것임을 알 수 있습니다.

　『화엄경』을 독송하고 사경하는 공덕은 설법 공덕과 함께 크게 강조되어 왔습니다. 그리하여 수미정사 불전연구원에서도 『화엄경』(80권)을 독송하고 사경하는 데 도움이 되도록 한문 원문과 한글역을 함께 수록한 독송본과 한글역의 사경본 『화엄경』 간행불사를 발원하였습니다. 이 『화엄경』 간행불사에 뜻을 같이하여 적극 후원해주신 스님들과 재가 불자님들께 깊이 감사드립니다. 또한 『화엄경』을 수지 독송할 수 있도록 경책의 모습으로 장엄해 주신 편집위원들과 담앤북스 출판사 관계자들께도 고마움을 표합니다.

　끝으로 이 불사의 원만 회향으로 『화엄경』이 널리 유통되고, 온 법계에 부처님의 가피가 충만하시길 기원드립니다.

　나무 대방광불화엄경

불기 2564년 '부처님오신날'을 봉축하며
수미해주 합장

위태천신(동진보살)

수미해주 須彌海住

호거산 운문사에서 성관 스님을 은사로 출가, 석암 대화상을 계사로 사미니계 수계, 월하 전계사를 계사로 비구니계 수계, 계룡산 동학사 전문강원 졸업, 동국대학교 불교대학 및 동 대학원 졸업, 철학박사, 가산지관 대종사에게서 전강, 동국대학교 불교대학 교수, 동학승가대학 학장 및 화엄학림 학림장, 중앙승가대학교 법인이사 역임.
(현) 수미정사 주지, 동국대학교 명예교수.
저·역서로 『의상화엄사상사연구』, 『화엄의 세계』, 『정선 원효』, 『정선 화엄1』, 『정선 지눌』, 『법계도기 총수록』, 『해주스님의 법성게 강설』 등 다수.

독송본 한문·한글역
대방광불화엄경 제36권

| 초판 1쇄 발행_ 2023년 8월 15일

| 엮은이_ 수미해주
| 엮은곳_ 수미정사 불전연구원
| 편집위원_ 해주 수정 경진 선초 정천 석도 박보람 최원섭
| 편집보_ 무이 무진 지욱 혜명

| 펴낸이_ 오세룡
| 펴낸곳_ 담앤북스
　　　　서울특별시 종로구 새문안로3길 23 경희궁의 아침 4단지 805호
　　　　대표전화 02)765-1251 전자우편 dhamenbooks@naver.com
　　　　출판등록 제300-2011-115호
| ISBN_ 979-11-6201-427-1 04220

성가 15,000원
ⓒ 수미해주 2023